성장통

성장통

초판 1쇄	2024년 08월 12일
초판 2쇄	2025년 09월 02일
저자	백은별
펴낸이	한건희
펴낸곳	주식회사 부크크
출판사등록	2014.07.15.(제2014-16호)
주소	서울특별시 금천구 가산디지털1로 119 SK트윈테크타워 A동 305호
전화	1670-8316
E-mail	info@bookk.co.kr
ISBN	979-11-419-0050-2

www.bookk.co.kr
ⓒ 성장통, 2024
본 책은 저작자의 지적 재산으로서 무단 전재와 복제를 금합니다.

성장통

백은별

작가의 말

우리는 모두 성장기를 겪어왔다. 누군가는 지금 그 성장기를 뼈저리게 느끼고 있을 것이다. 각자마다 그 시기를 겪으며 지나온 사랑, 아픔, 청춘이 어느 한 곳에 자리 잡아 추억으로 남아있다고 생각한다. 그 모든 사랑과 아픔과 청춘이 일종의 성장통이 아니었을까.

나는 성장통이 꽤나 아름다운 것이라고 생각한다. 모든 우울과 사랑, 상처들과 그 속의 아름다움을 느끼며 우리는 성장해 나가기 때문이다. 때문에 우리는 그 시절을 청춘이라고 부른다. 가장 아프고 치열했던 시절을 그렇게 청춘이라 칭한다.

나의 미숙한 첫 시집은 그런 걸 담고 싶었다. 가장 솔직하고 꾸밈없는 나의 성장통을. 내가 성장하기 위해 겪어야 했던 모든 아픔들을 그대로 써 내려가고 싶었다.

15세의 여름에서
백은별

목차

작가의 말 4

하필 8 사랑이라 부르는 것 9 하루가 멀다하고 10 짧은 하루 11

안개꽃 12 어떤 하루 13 연 14 장마 15 부끄러움 16

대가 없이 17 솔직해지자 18 성장통 19 허망 20 잊혀진 기억 21

쓰기만 하던 22 초록 23 내일 24 마지막 잎새 25 꽃말 26

햇빛 27 안경 28 끝사랑 29 밤 30 추억, 청춘 31 삶 32

탐미(耽美) 33 방황 34 꽃잎 35 어른이 된다는 것 36

앞머리 37 기억 38 적운 39 층운 40 술래 41 파랑성 42

흐르는대로 43 아픈 사랑에게 44 아름다워라 45 질투 46

미정 47 영원히 살아가는 삶 48 소행성 49 기적 50

당연하지만 그렇지 않은 것 51 이유는 없이 52 모래 알갱이 53

애착인형 54 설탕 55 개화 56 개화 2 57 푸르름 58

과대망상 59 돌아가자 60 열애 61 짝사랑 62 무제 63

도시 별 64 널 위해선 65 회상 66 사랑니 67 공감 68

그 한마디 69 거미줄 70 이별 71 아름다움의 위험성 72

애상(愛傷) 73 상애(相哀) 74 상대적 박탈감 75

단단해지지 못하는 너에게 76 평생 77 여우비 78 시인들 79

아름다운 순수함 80 아주 작은 위로 81 미숙 82

봄이 피는 곳 83 갈대 84 늦봄 85 무채색 86 쪽지 87

작은 행복 88 꾸미지 않은 89 살펴봐요 90 결심 91

자전 92 여유 93 그것만 빌어볼게 94 수평선 95 비 96

샛별 97 계절 98 새벽시 99 인간관계 100 시샘 101

때묻은 안경 102 첫사랑 103 바다 104 모순 105

클로버 106 별빛 107 유독 108 누군가는 109 선홍 110

밤이 되면 111 책갈피 112 관찰 113

빈자리 114 이슬 115 한명 (限命) 116

하필

내 모든 글이 너의 이야긴 아니지만
대부분의 글은 나의 가장 아름답고
가장 휘몰아치던 시절의 것들이야

사랑이라 부르는 것

눈을 뜰 때부터 감을 때까지
마음이 불편하다

누군가 내 마음 한가운데
밟고 지나간 것 같다

더부룩한 느낌이 거슬려 이름 지으려니
사랑이라 한다

하루가 멀다하고

하루가 멀다하고 버겁다
내일은 또 어떻게 버틸까

하루가 멀다하고 어둡다
내 세상엔 언제 해가 뜰까

하루가 멀다하고 외롭다
사랑받고 사랑하고 싶다

짧은 하루

한 게 적어서 그랬는지
한 게 많아서 그랬는지

하루가 유난히 짧았다
의미 있었다 해야 할까

해가 저 끝에 걸려 아른댄다

안개꽃

외로워 보이지 않는 꽃을 고르려 하니
또 집어든 꽃이 안개꽃이었다

알록달록 색 넣은 것 말고
순백의 하얀색 안개꽃 뭉텅이

순수함을 가득 안고 거리를 거닌다

어떤 하루

기분과는 맞지 않는 밝은 노래를 틀고
무거운 발걸음을 옮긴다

여러 번 밟혀 뭉개져버린 민들레도
아름다워 보이는 오늘 밤이지만

해 떨어지는 노을의 석양은
아름다워 보이지 않던 저녁이지만

등교하는 친구들의 모습에
청춘 같아 미소 짓던 아침이어서

오늘 하루가 지나가기를 빌면서도
영원히 간직되기를 조용히 바랐다

연

얼마 남지도 않은 꽃들이
살랑살랑 아른거려서
내 마음마저 날아가버린 듯 하다

너와 함께였으면 더 좋았을 하룬데
너만이 없어 사무치게 외로웠다

함께 보내고 싶다는 따스한 날들은
한마디로 빠짐없이 진심이었으니

들리지 않을 말들을
빼곡한 연서로 적어놔도

내 손가락 위로 날아온 벚꽃잎이
그 꽃잎 하나가
날 다시 외롭게 해

장마

꿈만 같이 마주친 눈동자가
서로를 마주치고 뚫어볼 때

숨이 멎어도 좋을 것이라고
어린 마음에 착각했더라

습하고 무거운 6월의 장마
우산을 들고 찾아간 너의 집

빗소리에 묻힐까 귀 가까이 속삭이던 말
혹여나 네가 젖을까 잔뜩 기운 우산

또 잔뜩 젖은 내 어깨와 머리칼
작은 우산 아래서 발 맞춰 걸을 때

빗소리에 내 심장소리가 묻히길 바라며
조금씩 어깨를 스치며 가까이 붙었다

부끄러움

눈을 깜빡-하고 움직이면
눈 밑에 잠깐 내려앉는 눈꺼풀
서서히 짙어지는 쌍꺼풀

찡그릴 때 접히는 예쁜 눈꼬리와
미간에 생기는 작은 주름

모두 놀랍도록 아름다워서
그 눈동자가 날 쳐다보면
이상하게 굳어버려서

그래서 피했어

네 속눈썹이 너무 예쁘길래
네 코가 너무 예쁘길래
그냥 네 옆모습이 너무 예쁘길래

대가 없이

가장 아름다운 생각과
내가 만들 수 있는
가장 아름다운 말들과

그저 널 행복하게 하고 싶어서
그저 네가 웃는 걸 보고 싶어서

길가에 핀 들꽃조차도
널 위해 꺾어주고 싶어서

어설프게 찍은 달사진이
웃기다며 웃는 너였지만

네가 좋아했으니 됐어
너를 좋아하니까 됐어

솔직해지자

멀리서 지켜보기만 해도 가슴이 떨리는 게
붙잡은 손에서 슬쩍 땀이 나는 게
내 머리를 쓰다듬을 때면 얼굴이 터질 것 같은 게

정말 솔직해져 볼까
널 좋아해서 살아있는 것 같았어
그래서 내 세상은 온통 너였어

널 좋아하는 날 좋아했는데
그런 건 상관 없을 만큼 너만이 좋았어

그래 솔직해질게
네가 아니면 안 될 것 같았고
네가 아니면 못 살 것 같았는데

성장통

그게 무서웠다
자신을 사랑할 줄 알아야
남을 사랑할 수 있다는 말이

그래서 부러웠다
자신을 사랑할 줄 아는 사람들이
남을 사랑할 여유가 있는 사람들이

그 말대로면 나는 아무도 사랑할 수 없을까 봐
내가 느낀 감정들조차 사랑이 아니었을까 봐

처음으로 그 순서가 바뀌어도 된다고 알려준 사람이 있다
남을 사랑하며 나를 사랑할 수 있게 된 시기가 있다

그를 사랑하는 내가 아름다웠어서
이제 그는 없지만
굳이 그일 필요는 없다

이젠 날 사랑하는 내가 아름다워서

허망

바닥만 보며 걷던 아이는
하늘바라기라는 노래를 좋아했다

항상 쭈그려 있던 아이는
해바라기를 가장 선망했다

그런 아이가 처음으로 고개를 들어
푸른 하늘을 올려다 보았을 때

그 모든 압박이 아무것도 아니었다는
세상을 늘 아름답기만 했다는
절망을 인정해야만 했다

잊혀진 기억

철봉 위에 앉아있던
새하얀 웃음, 새하얀 옷
예쁘게 반짝이던 끝
널널한 청바지

그런 아름다움을
잊고 살았다

쓰기만 하던

쓸쓸한 사랑을 했다
쓴 맛이 끊임없이 맴돌아
단 걸 먹어도 쓰게 했다

끝없이 뱉어내고 토해내도
남아있고
끝없이 울어내고 슬퍼해도
외로움만 남았다

다른 사랑
다른 사람
다른 시간
다른 풍경

그럼에도 모든 게 쓸쓸했다

초록

초록이 무성한 거리에서
아름다운 생명력으로 가득한

우거진 풀 사이로 흐르는
새벽 사이 고인 이슬 한 방울

코 끝을 간지럽히는
민들레 홀씨 하나

영원히 머물렀으면 하는
그림 같은 초록의 풍경들

내일

눈을 뜨는 게 무서워서 이내 감아버리고
새로운 해가 뜬다는 사실이 절망스러워 울고

야속하게 길고 밝기만 한 낮들이
야속하게 짧고 우울하기만 한 밤들이

끊임없이 반복되는 시간 속에 갇혀 사는 우리는
조금의 희망도 버리지 않고 살아가지만

알면서도 다시 잠에 들고
알면서도 다시 눈을 뜬다

마지막 잎새

떨어져라
떨어지지 말아라
내 마지막 희망, 내 유일한 이유

날 놓고 떠나라
포기하지 말아라

매시간 어지러운 머리속을
비워주어라

실컷 아파할때도
눈 감고 날아가라

꽃말

예쁜 너의 얼굴에
예쁜 말들을 달아주고 싶다

눈은 작고 뽀야니 순수함을
코는 크고 오똑하니 자신감을
입은 앵두같아 속삭이니 사랑을
그런 예쁜 말들로 꾸미려 한다

너는
자신감 있는 순수한 사랑
이었다

햇빛

더운 건 싫었지만
푸욱 빠져버려서
녹아내리고 싶다
햇살이 따가워서
눈을 감아봤지만
그래도 밝은 너라
그 빛에 하염없이
잠식당하고 싶다

안경

세상을 보는 눈
뚜렷할수록 빛나는 세상

새로운 내 모습이 어색했다
너도 그랬는지 날 피하더라

근데 그 뒷모습이
너무 선명해서
너의 앞이 보고 싶었다

너를 보는 눈
뚜렷할수록 빛나던 너

끝사랑

몰아치는 파도에도 가라앉지 않기를
떨어지는 꽃잎에도 끝끝내 버텨있기를
세상이 멸망해도
끝의 끝까지 갉아남아 살아있기를

서로를 향하는 마음이
변하지 않을 거란 확신 아래

영혼이 사라질 때까지의
약속을 걸어본다

밤

이 암흑 속에서 당신은 무슨 생각을 하고 있었나요.
이젠 별마저 보이지 않는 곳에서 혹시 별을 보고 있었나요.
이것이 당신이 말한 꿈이었군요.
전 당신이 사랑하는 이 밤을 사랑해요.

추억, 청춘

오래된 필름의 책갈피가 꽂혀있는 앨범이었다.
당신은 나를 보며 활짝 웃고 있는 사진속에서, 잔뜩 찡그린 나는
무슨 생각을 하고 있었는지 기억나지 않는다.
익숙하고도 처량한 봄 냄새가 또 눈물자국을 만든다.
푸르고 아픈 난춘이었다.
그래, 청춘이었다.

삶

죽기 위해 사는 삶 속에서
우리는 살기 위해 버둥거리다가
끝내 죽는 그런 삶을 산다

탐미(耽美)

가끔은 나도
세상을 아주 아름답게 보고 싶다
흐르는 구름에, 활짝 핀 꽃에
날으는 비행기에, 푸른 하늘에
웃음 짓고 행복해하고 싶다

그렇게만 몇 년을 바라보니
건물 끝에 걸려있는 해가
진 하늘에 빛나는 별이
이렇게나 아름다워 보이는 것 아닌가

흐르는 세상 속에서
아름다울 수 있는
내가 아름답다

방황

무거운 발걸음을 옮기는 게 버거워서
집 근처 놀이터 그네에 앉았다

내쉬는 숨 하나하나가 무겁고
아직 벗지 못한 책가방의 무게가
날 계속 누르고

이 모든 게 내 삶의 무게 같아서
얼마 없는 숨을 계속 푹푹 내쉬었다

꽃잎

보금자리에서 떨어져
하늘하늘 팔랑팔랑

그 누구도 내가 어디로 갈지
얼마나 방황하고 날아갈지
알려주지 않는다

멀리멀리 날아간다면
꼭 바다를 봐야지
푸른 하늘을 거닐며 생각했다

나의 추락은
그 어떤 비행보다도 아름다웠다

어른이 된다는 것

어른이 된다는 것은 뭘까
성숙해진다는 것
사회에 자리 잡는 것
그런 것이면 충분할까

어른이란 것은 뭘까
나이가 드는 것
술과 담배를 하는 것
그런 것이 달까

평생 아이로 남고 싶다
빨리 어른이 되고 싶다

어른이 된다는 것은 책임감을 가지고
스스로 행복할 여유와 힘이 생기는 것이라
믿으며 기다린다

앞머리

너에게 잘 보이려 자른 앞머리가
짧고 삐뚤빼뚤했지만

귀엽다며 웃는 얼굴에
마음 벅차게 받은 관심에
조금 더 잘라볼까 하다가

역시 잘 보이고 싶어
조금은 기르기로 했다

눈썹 위를 건드리는 앞머리가
간질간질거렸다

기억

어느 봄날
너와 같이 달리던 오후

저 하늘이 분홍빛으로 물들었을 때
분홍빛 벚꽃이 내 볼을 스쳤다
따스한 바람이 내 볼을 스쳤다

이 기억을 영원히 잊지 못할 거라 확신했다
살아있음에 다행이라고 생각했다

적운

빠르게 생겨나고
빠르게 지련다

짧게 살되
가장 아름답게
치열하되
가장 평화롭게

결국 빗물 떠내려가듯
그렇게 사라진대도
찬란하게 살련다

층운

잔잔하게 오래
평화롭게 길게

아주 선선하게
오래 살아남을 거다

흐리고 끈질기게
사라질 때도 천천히

누구의 불평도 불만도
귀담아 듣지 않을 것이다

내 의지대로
잔잔히 평화롭게

술래

피하지 말아줘
내가 원했던 게 아니잖아

그렇게 보지 말아줘
내 잘못도 아니잖아

처음엔 옷자락이라도
잡으려 진을 빼다가

잡아도 도망가고 없는
빈 손바닥 안을 보다가

이내 포기하고 앉았을 때
나는 손가락질 받고 있다

너무 그러지 말아줘
나도 지쳤는 걸

파랑성

사라지고 고요한 풍경만이 서렸는데
눈 안엔 아직도 물결이 일렁여

눈을 감아도 귀를 막아도
잊혀졌음 좋겠는 기억인데
끝 없이 쳐닿는 파도소리에
두 눈을 꼭 감네

함께 지은 견고한 성이
하루하루 무너져 내리고
아직도 떠오르는 춤을 추던
너와 나

그 파도 소리와 함께
떠내려 가면 좋으련만

흐르는대로

살아가기
바람이 불면
날아가고
물이 흐르면
흘러가기

아픈 사랑에게

너의 모습이 희미해져만 가지만
나는 점점 더 괜찮아져만 가지만
사실 조금 더 아파하고 싶었기에
널 잊어감에 아파하기로 했다

하지만 끝까지 기억해주길
난 끝없이 무너질 만큼 약하지 않고
언젠가 너를 추억이나 경험 같은 말로
포장한 뒤 고여있지 않을거니까

그니까 아픈 사랑아
고마워
덕분에 아픔이 와도
그때만큼 아파하지 않을거야

아름다워라

아름다워라
구름 한 점 없는 푸른 하늘
아름다워라
산책을 나온 인형 같은 것들
아름다워라
노을이 지는 선홍빛 하늘

이런 아름다움이
세상을 숨 쉬게 한다

질투

공허하네요
방금 절 지나친 저 사람은 행복할까요

제 눈에 보이는 이 풍경은
또 어떤가요

날 바라보는 눈빛들은 왜
웃고있나요
비웃었나요
측은한가요

미정

정의할 수 없는 감정이 있어요
그럴 때면 열심히 감정의 이름을 찾다가도
이내 포기하고 그대로 내버려둡니다

정의할 수 없을 만큼 뒤죽박죽인 그게
아름다운 감정이라 하거든요

영원히 살아가는 삶

우리의 삶에서 찾아오는 시간들은
평생 우리의 것
뺏기지 않고 사라지지 않는
온전한 우리의 것

누군가는 치열하게 살아가고
누군가는 유영하듯 살아가며
누군가는 버텨가며 살아가고
누군가는 여유롭게 살아간다

무한한 시간속에서
평생을 사는 삶은
어떻게 살아갈까

소행성

소행성 하나가 쿵- 소리를 내며 떨어졌다
그 충격으로 이곳저곳이 무너지고 깨지고
몇십몇백 명이 죽어나가고 붕괴됐다

우주에선 아주 작은
이름도 없는 소행성일 뿐이었다

기적

나의 마음이 널 향하고
너의 마음이 날 향할 때

당연하지만 그렇지 않은 것

자전거를 타고 가는 등굣길
친구들과 도란도란 함께가는 하굣길
구령대에 앉아 떠드는 점심시간
이런 당연하고도 소중한 것들이
당연하지 않아져
더욱 뼈저리게 소중하다

이유는 없이

이왕이면 당신이었음 합니다
이왕이면 지금 나랑 하늘을 보는 게
이왕이면 나랑 손을 잡고 걷는 게
굳이 당신이었음 합니다

모래 알갱이

파도를 타고 휩쓸리고
햇볕에 몸 말리다
다시 흠뻑 젖고
나의 의지와 상관없이
난 또 휩쓸려 떠나가네요

애착인형

그리고 그리워할 거면서
왜 버려버렸냐 물으면
이젠 보내줄 때가
된 것 같다고
좋은 기억으로 남아야
추억이 될 거 같다고
대답할 것이다

설탕

과하게 달면
조금 쓴맛이 난다

너도 그런가보다
너무 과하게 달아서
해롭나보다

개화

오랜 꿈을 색칠하며 피어난 꽃
역경 속에 본 빛은 봄이다

길고 긴 어둠 속에 분홍빛을 칠하고
조금씩 트인 하늘에 노란빛을 칠했다

아직 피지 못한 봉우리들의
무한한 가능성을 시기하며

끝끝내 피어난 봄이다
그 하나의 꽃송이다

개화 2

꽃봉오리들이 개화할 준비를 하고 있다
내 마음은 하염없이 지고 있는데
생명 가득한 이 거리에서
나만 죽어가고 있나보다

푸르름

네가 하늘을 올려다보았을 때
세상은 푸르게 변했고
후덥지근하던 공기마저
시원한 바람이 되어 불었어

나는 그 푸르름을 동경하여
너를 사랑했고
시원한 바람이 부는 푸름 아래
붉고 빠르게 타들어갔지

우리는 이 계절을 사랑했어
서로를 생각하고
결국 닿진 못했지만 지금도
우린 같은 하늘을 올려다보는걸

과대망상

내가 견뎌낼 수 있을 거라
착각하고 떠났다

내가 오래 슬퍼하지 않을 거라
착각하고 떠났다

설령 그렇다 하더라도
나는 아니었을 것이다

그렇게 생각하고 떠난 너는
분명 그렇게 착각해야만 한다

돌아가자

많이 즐겼다
오래 즐겼다
나랑은 맞지 않는 행복이었다
나랑은 맞지 않는 세상이었다
과분했으니
돌아가자

열애

사실 보고싶어
난 또 힘들고 난 또 울고
질려하지 말아줘
힘들어하지 말아줘
잘 자란 말마저 거짓인 나를
자지 말아줘
나 좀 위로해줘
네가 자는 시간동안 또 혼자 울어야 하잖아

짝사랑

난 늘 아쉽고
넌 아쉬운 게 없어

같은 말에 난 상처받고
넌 아무렇지도 않아

네가 나만큼 힘들었으면 좋겠어
근데 그러면 넌 날 너무 쉽게 떠날 거 같아
넌 나만큼 날 안 좋아하잖아
이런 건 연애가 아니야

나만 상처받는 관계라서
관두고 싶어져

나만 매달리잖아
나만 애타잖아

그런데도 나만 보고 싶나 봐
미치겠다 진짜

무제

꽃잎이 다 져버렸기에
서리도 다 녹았으므로
내 마음도 그러하였길

바람이 스치면 아프고
햇살이 비추면 따가워
내 마음도 괴로웠음을

도시 별

도심 속에 사는 나에게도 별이 보인 날이 있다. 크게 반짝거리는 별 하나가 여기가 길이라는 듯이 빛을 냈고, 그 별에 초점을 두고 하늘을 올려다보니 셀 수 없이 많은 별들이 희미한 보석처럼 깜빡였다. 어느 구절처럼 저 별을 다 세어보려다가 보일 듯 안 보일 듯 한 반짝임에 초기했다. 그럼에도 밝았다. 세상은 너를 품어도 괜찮을 만큼 넓으니, 전부 해보라는 것 같았다.

널 위해선

내가 그때 죽는 게 나았을텐데

회상

가끔 네가 생각날 때면
많이 그리워진다
그냥 많이 소중한 기억이다

보고 싶나
그건 아니다

그냥 그대로 돌아가서
한 번 더 느끼고 싶다
더 소중하게 간직할
추억을 만들 수 있을 텐데

사랑니

한창 아픔을 알게 된 시기쯤 생겨난 너
그럼에도 사랑이란 이름에
입가에 미소만 번지게 된다

한창 사랑할 나이에 마침 나타난 너
푹 빠져버릴 수밖에 없는 너였지만
그 이름대로 아프기만 했다

공감

우리 동네에서 가장 예쁜 옥상에
널 데리고 올라가서
떨어지는 해가 있는 풍경을 보며
오래 묵을 말들을 하고 들을거야

응축돼있던 그 모든 것들을 털어내고 나면
조금은 웃을 것이고
조금은 울 것이야
그 환한 미소와 눈물을
거기서, 그때, 너랑
그렇게 나누고 싶더라

그 한마디

가장 쉽고도 어려운 말을
입술 끝에 달아보았다
사랑
이 무게 있는 말을
끝없이 곱씹었다
사랑해
그리고 끝내 입을 열었을 땐
네가 아름답게 웃어주었다

거미줄

옥상에는 거미가 많이 살아요
난간을 가득 친 거미줄이
나를 주춤거리게 만드네요

마침 날아온 말벌 한마리가
나를 도망가게 만드네요
모든 게 날 막고 있는 듯 해요

세상이 내게 죽으라 등 떠밀고
세상이 내게 살아라 소리치면
나는 어떻게 해야 하나요

이별

언젠가 떠날 날이 오면
많이 아파하자
엄청 울고 그리워하고 힘들어하자
그래도 우리, 거기서 끝내자

추억은 추억일 때 가장 아름다우니
어차피 우리가 한 마지막은
더 이상 사랑이 아니었으니

아름다움의 위험성

아름다운 것들은 조금 위험하다
제멋대로 반짝거리는 것들은
제멋대로 날 살고 싶게 하고
제멋대로 날 죽고 싶게 한다

가장 아름다운 방황의 선에서 난
주로 선택하지 못하고 도망친다
그 도주가 날 살게 하고 죽게 한다

애상(愛傷)

네가 뱉은 몇 마디에
머리가 띵하고 온몸이 식는데
내 상태와는 상관없이 비수처럼 꽂히는 말들을
나는 그저 들을 수밖에 없구나
쓴 마음과 시간이 너무 아깝지만
괜찮지가 않아 이미 너무 늦어버려서

상애(相哀)

너의 마음이 나의 마음과 같기에
네가 흘린 눈물에 내 마음이 같이 아리고
네가 뱉은 한숨에 내 마음도 같이 무거우며
너의 슬픔에 나도 슬퍼졌다

마음을 공유하는 건 어려운 것이지만
너의 마음을 공유받는 건 너무나 쉬운 일이었기에
너의 고통은 나의 고통이었고
너는 아무것도 모르고 웃고만 있어주길 바랬다

상대적 박탈감

왜 그렇게 환하게 예쁘게 웃고 있었어
왜 그렇게 행복하게 살고 있는거야

내가 너무 초라해지잖아

단단해지지 못하는 너에게

사람은 상처를 지니고 살아가게 된다
상처를 입으며 성장하고 나아지는 거라들 말하지만
입은 상처를 떨쳐내지 못하고 나아지지 못하는 너에게

이런 말을 해주고 싶었다

추웠던 겨울이 지나고 다시 봄이 오게 되면
너의 의지완 상관없이
봄 내음이 너의 빈 마음속을 가득 채울 테니
너의 마음관 상관없이 세상은
따사롭고 아름다울 테니

너는 너의 마음과 상관없이
눈을 한 번 감고 그 모든 아름다움을
마음껏 즐겨주어라

평생

기억 속에서 네가 없어질 때까지
너를 생각할 거다
더 이상 네가 날 아프게 하지 않을 때까지
너를 미워할 거다
넌 미워하지 않을 수 있을 때까지
계속 미워할 거다
나는 널
평생 생각하고 미워할거다

여우비

슬쩍 찾아왔다가
내 모든 걸 앗아가고
슬쩍 사라진 너

오랫동안 그리워했다가
이젠 놓아주려 할 때
다시 찾아온 너

이번엔 좀 오래 남을까
기대해 보았다가
다시 빠르게 맑아진 하늘

시인들

세상엔 여러 시인이 있다
세상의 아름다움을 찾는 자
이미 모두 찾아 누리는 자
그 무엇도 알지 못하고 헤매는 자
세상의 부정적인 것들을 찾는 자

이렇게나 많은 사람들 속에서
나는 무엇이 되고 싶을까
저들의 글은 저 자신일까
그게 뭐든 난 내 모습을 쓰고 싶다

아름다운 순수함

때묻지 않은 순수함에서 오는 사랑이
또 거기에서 오는 예쁨이, 감동이
그 마음이 날 울린다

설령 그 순수함이 사라져도
그 마음만은 오래도록 영원히 남을 테니
아직 남아있는 내 안의 아름다움을
모두에게 나누고 싶어졌다

아직 하늘을 올려다보며
다행히 미소 짓는 나이기에
이 글로, 이 시로
나의 예쁨을 나누어 보겠다

아주 작은 위로

모든 게 빛나는 한밤중
아무도 모르게 방안에서
눈물을 훔치는 너는
크게 반짝이고 있구나

오늘 밤이 지나면
너는 조금 더 성장할 거야
새로운 아침이 밝으면
오늘만큼 울지 않을 거야

나도 너도 우리는
웃어도 울어도 누구보다
반짝이는 시간 속에 있어

그러니 잔뜩 울고, 반짝이고
실컷 웃고, 햇살같이
그렇게 빛처럼 살아보자 우리

미숙

내가 좀 더 나이가 들면
더 멋진 글이 나오겠지

미숙한 맛도 좋지만
널 위해 쓰는 글들은
누구보다도 잘 쓰고 싶어서
몇 번을 지우고 고쳐도
난 아직 어린가봐

보여주기 부끄러운 글들을
이 곳에 마음껏 녹인다

봄이 피는 곳

내음이 달라진 하늘
조금 더 푸르른 내음
바람 따라 흐르는 냇물
냇물 따라 날으는 벚꽃

하늘 높이 위로위로
꽃잎인지 꽃가룬지 날아
코 끝을 스치고 지나가고
내 마음도 스치고 지나가네

이런 내음이 바람이 꽃들이
내 마음 깊은 곳에서
꽃이 피는 곳이고
봄이 피는 곳이다

갈대

사람 마음이 다 그런 건지
내 마음이 유독 그런 건지
너무 쉽게 흔들리고
너무 쉽게 동요한다

뿌리채 뽑아버리고 싶은 마음을
누르고 누르다 보면
또 어느새 깊숙이 동요하는 중이다

갈대 같은 마음아
바람을 안 불게 할 순 없지만
누군가 바람을 막아줄 순 있단다

기다려보자

늦봄

나풀나풀
간질간질
늦봄에 찾아온 꽃가루에
한없이 미소로 녹아내린다

하늘하늘
여리여리
꽃가루는 끝없이 나풀거리고
내 마음도 끝없이 흔들린다

솔직하게 정말로 꽃가루에
마음이 흔들렸다
나의 여름은 너와 함께겠네

무채색

학원가에 가면
다들 흰색, 회색, 검은색
개성을 드러내지 않는 게
요즘의 미의 기준인가

조금 더 알록달록했으면 하는
가장 어리고 생생한 거리에
어둠만 가득할 것이,
젊음은 어둡고 어렵다

쪽지

아주 오래 전
조용한 도서관에서 나눈 쪽지
작고 노란 포스트잇에
아쉬운지 빼곡히 적힌 글씨들
주머니 속에 있느라 잔뜩 구겨진 종이
온갖 시시콜콜하고 예쁜 말들
펜촉 하나하나의 감촉이 선명해진다

이젠 너의 사랑해란 말도
아무 의미 없어진지 오래구나

작은 행복

학교가 끝나면 곧장 편의점에서
먹고 싶던 간식 하나 둘 사 들고서
집으로 뛰어가 옷을 갈아입곤
티비를 틀고 사온 것들을 먹는다

오늘을 위해 미뤄뒀던 드라마
포근한 담요를 덮어두고
가장 편안한 자리에 앉아 즐기는
나의 가장 작고 큰 행복

꾸미지 않은

내가 쓴 시에는
퇴고를 잘 하지 않는다
하나의 감정선으로 쭈욱 쓰여진 글을
아쉽다고 고치게 되면
그것만의 느낌이나 감정이 사라져버린다

그래서 나는 감정이 아름답다 말한다
고쳐지지 않은 그대로의
슬픔, 분노, 아름다움, 기쁨이
인간이 할 수 있는
가장 아름다운 것이다

살펴봐요

우리가 너무 많은 행복을
놓치고 사는 것 같지 않나요?

비 온 다음날의 이슬 냄새
마지막 교시의 초침소리
어디선가 불어오는 바다 바람

세상은 행복으로 가득한 걸요
우리만 그걸 모르고 사나 봐요

결심

이번에는 행복해질 수 있겠다
이번에는 꼭 행복해져야지
꽤나 용기있는 결심이지만
꼭 필요한 결심인지는 의심해봅니다

굳이 행복해져야 할까요
지금 그대로 괜찮진 않을까요
우울을 배척해야 할까요
우울은 소중한 감정이 아닐까요

우울을 포용하게 되면
행복은 찾지 않아도 곁에 있습니다

자전

차가운 공기에 몸 떨며 태양을 탓했다
더운 공기에 허덕거리며 태양을 탓했다

태양은 늘 그 자리 그대로였는데
나만 바보같이 등지며 몸 떨고
바보같이 바라보며 허덕거렸다

나만 적당히 옆을 보면
춥지도 덥지도 않았을텐데

여유

남을 사랑할 여유
남을 위로할 여유
나를 돌아볼 여유
그런 것들이 나에게는 없는 줄 알았다

내 존재 자체로 누군가에게
사랑이고
위로고
동경이었던 걸

또 나만 모르고 있었다
나의 여유는 중요한 것이 아니었다

그것만 빌어볼게

언젠가 모든 걸 잊게 된다 해도
너만은 꼭 기억할게
지금 듣고 있는 이 노래를
절대로 잊지 않고 살아갈게
네가 어디 있다고 해도
내가 찾아가서 볼게
어느 언어로도 닿을 수 없어도
마음만은 닿게 할게
그럴 수 있게
그것만 빌어볼게

수평선

수평선 너머에 뭐가 있을지는
내가 제일 잘 알지만

그래도 넘어보고 싶은 마음에
열심히 가로질러도
아무것도 없다

그저 공활한 바다가 나올 뿐인데
돌아가지도 뒤돌지도
바다로 뛰어들지도 않고 난
앞으로만 간다

이왕이면 도전하다 길을 잃는 게
더 멋지잖아

비

하늘도 날 보면 눈물이 나나 보다
내가 너무 초라해보여서
너무 적막하지 마라 내려주나 보다
너무 슬퍼하지 마라 대신 울어주나 보다

하늘을 올려다보면
모든 빗방울이 내 얼굴을 건드린다
비가 내릴 때면
나는 조금은 위로 받는다

샛별

별을 쫓던 아이들은
하늘 보는 것을 까먹고 살고
꿈을 쫓던 아이들은
반짝임을 까먹고 산다

각박한 세상 속에서
하늘을 쳐다볼 여유 한 번
내 마음을 돌아볼 여유 한 번
그 쯤은 있지 않을까

계절

장미가 만개하는 계절
적당히 시원한 바람
적당히 따스한 햇살
선선한 따뜻함이 몸을 감싸고
어렵게 여름을 그리는 계절
늦봄 또는 초여름이라고도 부르는
그 계절

새벽시

마음이 정리되지 않는다
이런 마음을 글로 쓸까

착잡한 마음이라든지
조금 기쁜 마음이라든지
아니면 기나긴 하루의 피로라든지
이런 것들을 글로 써볼까

나의 가장 감성다운 감성을
나눌 수 있는 유일한 시간

인간관계

지는 것이 이기는 것이고
참는 것이 대인배이고
넘어가면 평화롭다

참 답답한 일이다
마음껏 화내고 싶어도
이런 이론들이 날 가둔다

시샘

너무 슬퍼하지 말아라
너에게서 나는 꽃내음에
온 세상이 시샘했나 보다

그래서 세상이 널 지켜주지 못해도
나만은 시샘하지 않고 예뻐할 테니
내 앞에서 마음껏 울어주어라

때묻은 안경

닦지 않은 오래된 안경을 쓰고 사는 남자가 있었다. 그는 세상을 뿌옇고 흐리게 보았으며, 세상이 얼마나 아름다운지 들었어도 보려 하지 않아 했다. 그 안경을 벗었을 때 알게 될, 자신이 모르고 있던 세상을 마주할 자신이 없었다. 대신 그는 세상의 악도 뚜렷하게 보지 않았다. 그리고 생각했다.
"이 더러운 세상을 보지 않아도 되니 얼마나 행복한 인생인가. 얼마나 아름다운 세상인가."

첫사랑

여름
하면 생각나는 얼굴이 있다
겨울에도 그 이름을 생각하면
그 날의 온도, 습도, 풍경
달아올랐던 내 얼굴까지 생생하다

눈이 마주친 순간 알 수 있었다
사랑이구나
선선한 바람이 나뭇잎을 건드려
스산한 소리가 났다

너무 미웠던 나이
매미 울음소리를 배경으로 한
어느 예쁜 기억이 있다

바다

파도 소리가 그치질 않네
하늘을 파란데 속은 검어지고
소리는 가득한데 듣기에 거슬리고
눈을 감고 있는데 빛이 눈을 찌르네

애초에 내 마음대로 되는 게 없는 세상이었기에
난 이렇게나 제멋대로인 바다를 사랑해
적어도 바다는 빠짐없이
실망없이 아름다우니까

모순

너의 행복을 바라지만
그 옆에 내가 없을 거야
나의 행복을 바라지만
나에겐 네가 조금 더 소중한 것 같아
그러니 그만하자

클로버

잃어버리기 쉬운 행복은
처음부터 없는 게 낫다
잃어버리지 않으려 노력하다 이내 사라지면
그만큼 초라해지는 건 나의 몫이니
열심히 찾아 간직한 행복을
너무 잃어버리지 않으려 노력하지 마라
가지려 애쓰는 것들은
결국 손을 떠나게 되더라

별빛

세상이 어둠으로 깔려 있을 때
무식하게 빛나는 네가 좋아

모두 너의 빛을 동경하지만
나는 어째선지 조금 안쓰럽게 보이던걸

저렇게 빛내기 위해서 얼마나
아프고 뜨거웠을까
혹시 아직도 별들끼리 경쟁중인 거 아닐까

너의 빛이 나에게 닿을 때까지
얼마나 오랜 시간이 걸렸을까

그래도 여전히 무식하게 빛을 내려 애쓰는
네가 좋아

유독

유독 하늘이 예쁜 날
유독 바람이 좋은 날
유독 햇살이 밝은 날
유독 네가 그리운 날

누군가는

누군가는 나를 생각하고 있다
산뜻한 날씨에 그리는 얼굴이
나인 사람이 있다
누군가는 나를 사랑하고 있다

선홍

선홍빛 하늘에
내 마음도 붉게 물들면
푸른 하늘을 볼 때도, 너를 볼 때도
선홍빛으로 보이더라

내 눈에 필터라도 낀 듯이
네가 그렇게 아름다워 보이더라
이건 하늘 때문일까
너 때문일까

밤이 되면

밤이 되면
가로등 빛과 달빛이 헷갈려서
밤이 되면
인공위성과 별이 헷갈려서
밤이 되면
네가 주는 마음이 헷갈려서

책갈피

아니란 걸 알면서도
울다가도 핀 꽃을
차마 밟지 못해 간직하고
고이 간직한 꽃봉우리를
찾으러 와 환하게 웃어줄
그대를 기다려서
그때를 기다려서

관찰

저 사람은 웃고 있네
꼭 행복해 보이네
저 사람은 왜 울지
왜 나는 그게 부럽지
저 사람은 따분해 보이네
무슨 생각을 하고 있을까
다들 행복할까
나는 행복한가

빈자리

유독 네가 있던 자리가 더 크게 느껴지는 날이 있다
오늘이 그런 날인가 보다

듬성듬성 자리잡은 기억의 조각들이
머리카락 한 올 한 올을 타고
머리 깊숙한 곳까지 들어온 것처럼
도저히 꺼내지지가 않는 날이다

가득 메워져 있던 자리는 의식하기 어렵지만
빠져나간 구멍은 어찌 이리 바람이 부는지

그리움이 하나 둘 모여 차곡차곡 쌓이면
너의 얼굴이 다시 한 번 떠오르는 거다

이슬

나뭇잎에 고인 이슬도
언젠가는 떨어지겠죠

그대는
아주 오래 고여 있었음 했어요

내리는 비에도
그 자리 그대로 있었음 했어요

마음이 닿았을까요
알아줬을까요

이슬비에 흘러간 그대는
나를 오래도록 기억해줘요

한명 (限命)

꺾인 꽃 앞에서
울고 있는 사람을 본 적 있나
오늘은 그게 내가 될 것이다

생명력을 지닌 모든 것은
한계에 도달한다

한 줌의 기억일지라도
생명에겐 무용지물이다

설령 노을빛에 일렁이던 마음이
어느 끝에 부딪히더라도
그 끝에 있는 사람은
혼자일 리가 없으니

고귀하다 치부하는 그것이
삭아버릴 때까지
하늘 끝엔 미소가 걸려있길